Das Ultimative Faultier Buch für Kinder

100+ Faultier Fakten, Fotos, Quiz und Wortsucherätsel

Jenny Kellett

Übersetzung Philipp Goldmann

BELLANOVA

Inhalt

EINLEITUNG

Sie sind berühmt für ihre Faulheit und unbestreitbar niedlich, aber wie viel weißt du wirklich über Faultiere? Wusstest du, dass sie ein ganzes Ökosystem mit sich herumtragen? Was ist mit dem sechs Meter großen, ausgestorbenen Riesenfaultier?

Lass uns über diese und noch viele andere Faultier-Fakten lernen. Und vergiss nicht, dich in unserem Faultier-Quiz am Ende zu testen.

Bist du bereit? ***Los geht's.***

FAULTIER FAKTEN

Faultiere gehören zu der Überordnung der Nebengelenktiere oder auch Zahnarme (*Xenarthra*) Säugetiere genannt.

Im Englischen werden sie der Einteilung "arboreal Neotropical xenarthran mammals" zugeordnet. **Arboreal** bedeutet, dass sie in Bäumen leben, während **Neotropisch** eine biogeografische Region ist, die den größten Teil Mittel- und Südamerikas umfasst.

Xenarthran ist eine Gruppe von Tieren, die nur auf dem amerikanischen Kontinent vorkommen. Andere Vertreter dieser Gruppe sind Gürteltiere und Ameisenbären.

Dreizehen-Faultier.

Ein Faultier hängt in einem Baum.

Faultiere bewegen sich mit einer Geschwindigkeit von etwa 0,24 km/h. Das sind gerade einmal vier Meter pro Minute! Damit sind sie die langsamsten Tiere der Erde.

Faultiere sind dafür bekannt, dass sie sehr langsam sind. Sie verbringen die meiste Zeit ihres Lebens damit, in Bäumen zu faulenzen.

Es gibt zwei Familien von Faultieren: **Dreizehen-Faultiere** (*Bradypus*) oder auch Dreifinger-Faultiere genannt und **Zweizehen-Faultiere** (*Choloepus*), auch als Zweifingerfaultiere bekannt.

• • •

Obwohl Wissenschaftler/innen ursprünglich dachten, alle Faultiere gehören zur selben Familie, erkannten sie, dass es so viele Unterschiede zwischen Zwei- und Dreizehen-Faultieren gab, dass sie sie in zwei Familien aufteilten. **Werfen wir also einen Blick auf die Unterschiede zwischen den beiden Arten.**

DREIZEHENFAULTIERE ODER DREIFINGER-FAULTIERE

Wissenschaftlicher Name: *Bradypus*

Es gibt vier Unterarten der Dreizehen-Faultiere: Braunkehl-Faultier, das Mähnen-Faultier, das Weißkehl-Faultier und das Zwerg-Faultier.

Der einfachste Weg, um Dreizehen- und Zweizehen-Faultiere zu unterscheiden, ist die Anzahl der Zehen an Händen und Füßen. Dreizehen-Faultiere haben drei Finger und drei Zehen an jeder Hand und jedem Fuß.

Dreizehen-Faultiere haben auch kurze Schwänze, während die Schwänze der Zweizehen-Faultiere noch kürzer sind und kaum gesehen werden können.

Sie sind tagaktiv. Das heißt, sie sind tagsüber aktiv und schlafen nachts.

Sie haben graubraune bis beigefarbene Haare, mit einem dunkleren Fleck an ihrer Kehle.

BRAUNKEHL-FAULTIER

Wissenschaftlicher Name:

Bradypus variegatus

Das Braunkehl-Faultier ist die häufigste Art der Dreizehen-Faultiere.

Sie haben sehr dunkle Flecken unter ihren Augen und – anders als andere Faultiere – ziemlich blasse Gesichter.

Verbreitungsgebiet des Braunkehl-Faultiers.

Bild: IUCN. Rote Liste.

MÄHNEN-FAULTIER

Wissenschaftlicher Name:
Bradypus torquatus

Das Mähnen-Faultier kommt nur im Südosten Brasiliens vor. Sie haben kleine Köpfe und eine lange Haarschicht, die normalerweise hellbraun bis grau ist.

Ihren Namen verdanken sie ihrer langen schwarzen Haarmähne, die über den Hals, ihren Nacken und Schultern läuft.

Sie erhielten ihren Namen von der langen schwarzen Haarmähne die über ihren Hals, Nacken und den Schultern verläuft.

Verbreitungsgebiet des Mähnen-Faultieres.
Bild: IUCN Rote Liste.

WEISSKEHL-FAULTIER

Wissenschaftlicher Name:

Bradypus tridactylus

Das Weißkehl-Faultier ist dem Braunkehl-Faultier sehr ähnlich, außer dass seine Kehle eine hellere Farbe hat. Es ist auch viel seltener als das Braunkehl-Faultier.

Normalerweise findet man das Weißkehl-Faultier in den tropischen Regenwäldern nordöstlich Südamerikas.

Verbreitungsgebiet des Weißkehl-Faultiers.
Bild: IUCN Rote Liste.

ZWERG-FAULTIER

Wissenschaftlicher Name:

Bradypus pygmaeus

Das Zwerg-Faultier ist auch als Pygmäen-Faultier bekannt. Es ist eine vom Aussterben bedrohte Art, die nur in den Mangroven der Isla Escudo de Veraguas, einer Insel vor Panama, vorkommt. Erst im Jahr 2001 wurde es als eigene Faultier-Art anerkannt.

Wie ihr Name schon sagt, ist das auffälligste Merkmal des Zwergfaultiers seine geringe Größe - sie sind kleiner als andere Faultiere.

Verbreitungsgebiet des Zwerg-Faultiers.
Bild: IUCN Rote Liste.

Bild: Fundación Almanaque Azul

Sie sehen dem Braunkehl-Faultier sehr
ähnlich, jedoch sind sie etwa 40 % kleiner. Sie
fressen hauptsächlich Blätter von den roten
Mangrovenbäumen, die sie auf ihrer Insel
finden.

ZWEIZEHEN-FAULTIER ODER ZWEIFINGER-FAULTIER

Wissenschaftlicher Name: *Choloepus*

Es gibt zwei Unterarten von Zweizehen-Faultieren: Das Eigentliche Zweizehen-Faultiere (Choloepus didactylus), auch Unau oder Linnaeus' Zweizehen-Faultiere genannt und das Hoffmann-Zweizehen-Faultiere (Choloepus hoffmanni).

Trotz des Namens haben Zweizehen-Faultiere eigentlich drei Zehen an den Füßen und zwei an ihren Händen. Daher werden sie oft auch Zweifinger-Faultier genannt.

Zweizehen-Faultiere sehen ganz anders aus als Dreizehen-Faultieren. Sie haben viel kürzere Schwänze, jedoch größere Ohren, Köpfe und Hinterfüße als Dreizehen-Faultiere. Ihr Haare sind auch länger und ihre Augen viel größer als Dreizehen-Faultiere. Sie sind nachtaktiv. Das heißt, sie schlafen am Tag und sind nachts aktiv.

EIGENTLICHES ZWEIZEHEN-FAULTIER
(UNAU ODER LINNAEUS' ZWEIZEHENFAULTIER)

Wissenschaftlicher Name:
Choloepus didactylus

Das Eigentliche Zweizehen-Faultiere ist auch als südliches Zweizehen-Faultier, Unau oder Linnaeus' Zweizehen-Faultiere bekannt.

Man findet sie in mehreren Ländern im nördlichen Südamerika, einschließlich Venezuela, den Guyanas, Kolumbien, Ecuador und Peru.

Linnaeus' Zweizehen-Faultiere hat eine dunkle Kehle, aber sind dem Hoffmanns Zweizehen-Faultiers sehr ähnlich.

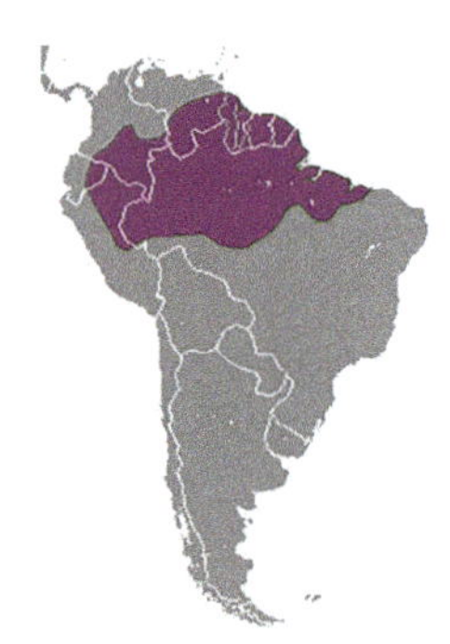

Verbreitungsgebiet des südlichen Zweizehen-Faultiers
Bild: IUCN Rote Liste.

HOFFMANNS ZWEIZEHENFAULTIER

Wissenschaftlicher Name:
Choloepus hoffmanni

Das Hoffmanns-Zweizehen-Faultier kommt in einem viel kleineren Gebiet als das südliche Zweizehen-Faultier vor. Sie genießen ihr Leben in den Regenwäldern im Nordwesten Südamerika und dem südlichen Mittelamerika.

Verbreitungsgebiet von Hoffmanns Zweizehen-Faultier
Bild: *IUCN Rote Liste..*

Sie wurden nach dem deutschen Naturforscher benannt, der sie als einer der Ersten identifizierte.

Das Hoffmann-Zweizehenfaultier hat einen blassen Hals, was es leicht macht, sie zu unterscheiden.

Es gibt fünf Unterarten von Hoffmanns Zweizehenfaultier, die jeweils in einer anderen Region zu finden sind.

Eine Darstellung des Elefanten-großen Riesen Boden-Faultiers (Megatherium).

WEITERE
FAULTIER FAKTEN

Neben den vielen Arten von Faultieren, die wir uns gerade angesehen haben, gab es auch andere Arten wie das Bodenfaultier. Das Boden-Faultier, wie der Name schon sagt, lebte auf dem Boden. Es war bis vor etwa 11.000 Jahren, in Kuba und anderen Teilen der Karibik verbreitet.

. . .

Das Größte der riesigen Boden-Faultiere (bekannt als Megatherium) war über sechs Meter groß!

. . .

Zweizehen-Faultiere sind nachtaktiv, während Dreizehen-Faultiere tagaktiv sind.

Sowohl Zweizehen- als auch Dreizehen-Faultiere können in denselben Wäldern gefunden werden. Normalerweise gibt es aber nur jeweils eine Art von beiden in einem bestimmten Gebiet.

• • •

Niemand weiß eigentlich genau, wie lange Faultiere leben, weil sie in freier Wildbahn so schwer zu verfolgen sind.

Allerdings wurde das älteste bekannte Faultier in Gefangenschaft fast 50 Jahre alt. Wenn männliche Faultiere um ein Weibchen kämpfen, versuchen sie sich oft gegenseitig von einem Baum zu stoßen, um sie für sich zu gewinnen.

Ein wildes Dreizehen-Faultier.

Faultiere fallen regelmäßig von den Bäumen! Allerdings sind sie so gebaut wie Katzen, sodass sie die Stürze überleben. In der Tat können sie über 30 Meter fallen, ohne Schaden zu nehmen.

Das Fell eines Faultiers besteht aus einer
kurzen Schicht weichem Unterfell und einer
oberen Schicht aus dickeren, längeren und
zotteligen Haaren.

* * *

Faultiere haben kleine Risse in ihren
Haaren. In diesen Rissen wachsen Algen,
was sie grünlich färbt und ihnen hilft, sich
zu tarnen!

Faultiere lecken sich oft
die Haare, um zusätzliche
Nährstoffe aus den Algen zu
bekommen. Allerdings putzen
sich Faultiere nie selbst – was
den Algen hilft, besser zu
wachsen.

Die Algen, die im Fell eines Faultiers wachsen, enthalten Bakterien, die möglicherweise bei der Heilung von Krebs helfen können.

. . .

Neben den Algen leben auch Faultier-Motten im Fell der Faultiere. Einige Arten dieser Motten leben ausschließlich von den Nährstoffen im Fell des Faultiers.
Und es gibt noch mehr! Es gibt ein ganzes Ökosystem, das im Fell eines Faultiers wächst. Von Käfern und Moskitos bis hin zu Zecken und Milben - es können Dutzende von Arten auf einem Faultier leben.

Faultiere sind nicht in der Lage, ihre Körpertemperatur zu kontrollieren, wie es viele andere Tiere können. Das hilft, Energie zu sparen, bedeutet aber auch, dass sich ihre Körpertemperatur über den Tag hinweg schnell ändern kann. Wenn die Temperatur zu kalt wird, können die Mikroben in ihren Mägen nicht mehr helfen, ihre Nahrung abzubauen, und sie können verhungern, selbst wenn sie einen vollen Magen haben.

• • •

Die Stoffwechselrate (Metabolismus-Rate) eines Faultiers ist die langsamste aller Tiere. Es kann bis zu 30 Tage dauern, bis ein Faultier ein einziges Blatt verdaut hat!

Der Magen eines Faultiers macht etwa 30 % seines Körpergewichts aus. Er hat vier Kammern und ist fast ständig gefüllt.

. . .

Langsam zu sein, ist gut für Faultiere. Sie müssen nur eine energiearme Nahrung aus Blättern zu sich nehmen. Zusätzlich schützt es sie vor Raubtieren, wie zum Beispiel Katzen, die auf der Suche nach schnellen Tieren sind.

. . .

Faultiere können sich nur etwa zwei Meter pro Minute auf dem Boden fortbewegen. Obwohl Faultiere auf dem Boden fast hilflos sind, können sie schwimmen, wenn sie es müssen.

Ein Dreizehen-Faultier hängt auf einem Ast herum.

Kannst du die Algen sehen, die auf diesem Dreizehenfaultier wachsen? *Bild: Jack Charles*

Faultiere können dreimal schneller schwimmen als sie sich auf dem Boden bewegen. Sie schwimmen normalerweise im Rückenschwimmstil.

. . .

Faultiere sind im Durchschnitt 60-80 cm lang, wobei Zweizehen-Faultiere normalerweise etwas größer sind als Dreizehen-Faultiere.

. . .

Sie sind zwar schwer zu sehen, aber Faultiere haben Ohren. Sie sind winzig und mit Haaren bedeckt, weshalb sie so schlecht hören.

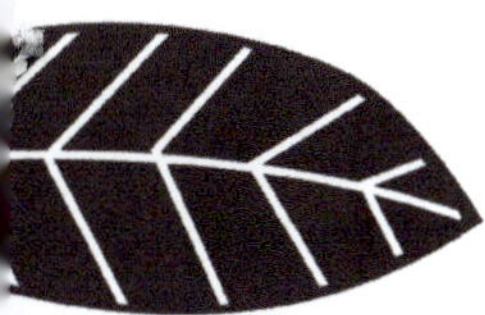

Faultiere sind fast blind. Sie verlassen sich auf Geruch und Tastsinn, um sich zurechtzufinden und nach Nahrung zu suchen.

• • •

Faultiere können nicht furzen.

• • •

Faultierbabys werden ... Faultierbabys genannt! Fast alle Säugetiere haben sieben Halswirbel (also die Wirbelsäulenknochen im Nacken). Allerdings besitzen Zweizehen-Faultiere fünf bis sieben und Dreizehen-Faultiere sogar acht bis neun Halswirbel.

• • •

Das einzige weitere Säugetier, das keine sieben Wirbel hat, ist die Seekuh – die hat sechs.

Nahaufnahme eines zweizehigen Faultier-Babys.

Die zusätzlichen Wirbel am unteren Ende des Halses helfen dem Faultier, seinen Kopf um eine 270° Achse zu drehen. Das ermöglicht ihnen eine 360° Sicht, ohne den Körper bewegen zu müssen.

• • •

Die Haare eines Faultiers wachsen in die entgegengesetzte Richtung als bei anderen Säugetieren. Bei den meisten Säugetieren wachsen die Haare nach außen zu den Extremitäten (Hände, Füße, Kopf). Weil Faultiere jedoch so viel Zeit auf dem Kopf verbringen, wachsen ihre Haare von Händen, Hals und Kopf weg!

Bild:Sebastien Molinares

Obwohl Faultiere die meiste Zeit an Bäumen hängen, sind ihre Gliedmaßen nicht dafür ausgestattet, viel Gewicht zu tragen. Stattdessen sind sie zum Hängen und Greifen gemacht.

· · ·

Ihre berühmten langen Krallen halten sie mit wenig Anstrengung sicher an Ästen. Sie werden so gut festgehalten, dass sie selbst nach dem Tod noch dort hängen bleiben.

· · ·

Während das Muskelgewicht der meisten Säugetiere 40-45 % ihres Körpergewichts beträgt, sind es bei dem Faultier nur 25-30 %.

Die Arme eines Dreizehenfaultiers sind etwa 50% länger als ihre Beine. Bei den Zweifußfaultieren sind sie fast gleichmäßig lang.

. . .

Es ist schwer, den Unterschied zwischen männlichen und weiblichen Faultieren zu erkennen. Deswegen haben viele Zoos öfter das falsche Geschlecht der Faultiere erhalten!

. . .

Faultiere sind in der Lage, ihren Atem für 40 Minuten anzuhalten. Das gibt Ihnen genug Zeit, um Flüsse unter Wasser zu überqueren oder zu verschiedenen Inseln zu gelangen.

Faultiere sind Einzelgänger und verbringen die meiste Zeit alleine, außer während der Paarungszeit. Gelegentlich treffen sich die Weibchen miteinander.

. . .

Zweizehen- und Dreizehen-Faultiere haben unterschiedliche Ernährungsgewohnheiten. Zweizehen-Faultiere sind Allesfresser, d.h. sie fressen eine größere Vielfalt an Nahrung, einschließlich Blätter, Insekten, kleine Eidechsen und Aas (verwesendes Fleisch).

Dreizehen-Faultiere sind fast ausschließlich Pflanzenfresser, was bedeutet sie fressen nur Blätter.

· · ·

Faultierbabys lernen, welche Nahrung sie essen sollten, indem sie die Lippen ihrer Mutter ablecken. Ihre Mütter zerkauen auch Nahrung, um sie zu füttern.

Anders als Zweizehen-Faultiere gehen Dreizehen-Faultiere auf den Boden, wenn sie auf die Toilette müssen. Normalerweise gehen sie einmal pro Woche und immer an der gleichen Stelle. Das verwirrt Wissenschaftler/innen, denn es macht sie sehr anfällig für Raubtiere.

Ein Zweizehen-Faultier.

Krallen eines Zweizehen-Faultierbabys.

Faultiere bekommen immer nur ein Baby auf einmal.

* * *

Die Paarungszeit variiert auch zwischen den verschiedenen Faultieren. Fahl- und Braunkehl-Faultiere paaren sich normalerweise während einer bestimmten Zeit des Jahres, während Mähnen-Faultiere sich das ganze Jahr über paaren.

* * *

Sie gebären, während sie kopfüber hängen!

* * *

Nach der Paarung spielt das männliche Faultier keine Rolle mehr im Leben des Faultierbabys. Die Mutter kümmert sich alleine um das Neugeborene.

Die Trächtigkeitsdauer (die Zeit, in der ein Weibchen schwanger ist) beträgt sechs Monate für das Dreizehen-Faultier und zwölf Monate für das Zweizehen-Faultier.

. . .

Faultierbabys bleiben bei ihren Müttern, bis sie etwa fünf Monate alt sind. Sie klammern sich zu ihrer Sicherheit an ihren Bauch. Faultierbabys sind in der Lage, sich nach nur wenigen Augenblicken nach der Geburt am Fell ihrer Mutter festhalten.

. . .

Faultierbabys werden voll ausgebildet geboren. Bedeckt mit Fell und mit offenen Augen – bereit, mit dem Leben zu beginnen!

Weibliche Faultiere haben normalerweise
ein Baby pro Jahr, obwohl ihre Langsamkeit
bedeuten kann, dass sie länger brauchen, um
einen Partner zu finden!

Zweizehen-Faultiere wiegen nur 340 Gramm, wenn sie geboren werden Dreizehen-Faultiere sind nur etwas größer.

. . .

Faultiere können nicht als Haustiere gehalten werden, da ihr Lebensraum so speziell ist.

. . .

Faultiere haben eine sehr dicke Haut, die ihnen hilft, Temperaturschwankungen und gefährliche Stürze zu überleben.

. . .

Faultiere entleeren sich nur einmal pro Woche. Wenn sie gehen, können sie dabei fast ein Drittel ihres Körpergewichts auf einen Schlag verlieren!

Bevor sie ihr Geschäft verrichten,
machen Faultiere einen kleinen Tanz, den
Wissenschaftler gerne den 'Kacktanz' nennen.

• • •

Mehr als die Hälfte aller Faultiere sterben,
wenn sie auf die Toilette gehen. Das liegt daran,
dass sie von den Bäumen herunterkommen
und auf dem Boden leichte Beute für Raubtiere
darstellen.

Faultiere sind dreimal so stark wie
die meisten Menschen. Sie können ihr
gesamtes Körpergewicht mit nur einem
Arm hochheben!

. . .

Die inneren Organe eines Faultiers sind an
ihrem Brustkorb befestigt, was es einfacher
macht zu hängen, da das Gewicht der
Organe ihre Atmung nicht einschränkt.

. . .

Es hat Fälle gegeben, in denen Faultiere
versehentlich ihre Arme mit Ästen
verwechselt haben und dann von ihrem
Baum gefallen sind. Ups!

**Ein weibliches Dreizehen-Faultier,
das sein Baby trägt.**

Faultiere sehen so aus, als würden sie lächeln! Verwechsle das aber nicht mit Glück. Selbst wenn sie Schmerzen haben, sehen sie immer noch so aus, als ob sie lächeln würden.

Faultiere schwitzen nicht und besitzen keinen besonderen Geruch. Das hält sie sicher vor Raubtieren.

. . .

Obwohl Faultiere eine Menge Zeit damit verbringen, sich nicht zu bewegen, schlafen sie nicht immer. In der Wildnis schlafen sie etwa 8-9 Stunden pro Tag. In Gefangenschaft schlafen sie jedoch viel länger – etwa 15-20 Stunden.

Obwohl Faultiere normalerweise sehr leise sind, lassen die Weibchen einen lauten Schrei los, wenn sie bereit sind, sich zu paaren. Es klingt wie ein lautes 'ieeeeeeh'.

. . .

Manche Faultiere verbringen ihr ganzes Leben auf demselben Baum.

. . .

Dreifinger-Faultiere können nicht in Gefangenschaft gehalten werden, da sie wählerische Fresser sind. Sie können also nur in ihrem natürlichen Lebensraum überleben.

Faultiere haben
lange Zungen, die
sie bis zu 25-30 cm
herausstrecken
können.

• • •

Faultiere trinken
selten Wasser, da sie
all ihr Wasser, das
sie brauchen, von
Blättern bekommen.
Gelegentlich kannst
du jedoch ein
Faultier aus einem
Fluss oder See
trinken sehen.

Jedes Jahr am 20. Oktober feiern Faultier-Liebhaber den **internationalen Faultier-Tag**. Wie feierst du diesen Tag? Du kannst an eine Organisation spenden, die dem bedrohten Zwergfaultier hilft, das auf die Probleme der Faultiere aufmerksam macht oder vielleicht einfach nur einen Tag faulenzen!

· · ·

Es gibt viele Orte, an denen Faultiere für Selfies von Touristen benutzt werden. Das ist sehr stressig für sie und kann ihre Lebensspanne dramatisch verkürzen. Es ist wichtig, dass du, wenn du Faultiere in freier Wildbahn sehen willst, sie nicht aufhebst oder sie störst.

Der engste Verwandte des Faultiers ist der Ameisenbär. Beide haben lange Krallen, doch während Faultiere hauptsächlich Pflanzenfresser sind, sind Ameisenbären Insektenfresser (sie fressen nur Insekten).

• • •

Faultiere haben sehr interessante Zähne. Ihre Zähne wachsen kontinuierlich während ihres Lebens und haben keinen Zahnschmelz. Außerdem sind ihre Zähne im Gegensatz zu den meisten Säugetieren viel glatter und runder.

• • •

Wenn ein Faultier einem Raubtier am Boden begegnet, kann es nicht weglaufen. Es verlässt sich auf seine scharfen Krallen und Zähne, um sich zu schützen.

Obwohl nicht alle Faultiere vom Aussterben bedroht sind, sind die meisten vom Verlust ihres Lebensraums bedroht. Da Regenwälder abgeholzt werden, verlieren Faultiere ihre Lebensräume.

. . .

Auf ihren Bäumen sind Faultiere meist sicher vor Raubtieren. Das ist jedoch komplett anders, wenn sie sich auf dem Boden aufhalten. Besonders gefährlich sind Jaguare, Anakondas, andere Großkatzen, Ozelots und Adler.

. . .

Auch wenn ein Faultierbaby seine Mutter verlässt, lebt es weiterhin in dem gleichen Gebiet und kommuniziert durch Rufe mit ihr.

Dreizehen-Faultiere schlafen normalerweise in den Gabelungen von Bäumen, während Zweizehen-Faultiere lieber an den Ästen hängen.

• • •

Es gibt keinen berichteten Fall, dass ein Faultier jemals einen Menschen getötet hat. Selbst kleine Verletzungen sind sehr selten.

Das Faultier QUIZ

Teste jetzt dein Wissen in unserem Faultier Quiz! Die Antworten findest du auf Seite 75.

1. Wie werden Baby-Faultiere genannt?

2. Welches ist normalerweise größer - Zwei- oder Dreizehen-Faultiere?

3. Faultiere können schneller schwimmen als sie laufen. Richtig oder falsch?

4. Wie versuchen männliche Faultiere die Weibchen zu beeindrucken?

5. Wo kann man Zwergfaultiere finden?

6. Wie viele Zehen haben Zweizehen-Faultiere? Und wie viele Finger haben sie?

7. Woher hat das Mähnen-Faultier seinen Namen?

8. Welche ist die häufigste Art der Dreizehen-Faultieres?

9. Kannst du die zwei Arten der Zweizehen-Faultiere Faultiere nennen?

10. Wie lautet der wissenschaftliche Name des ausgestorbenen Riesenfaultieres?

11. Was fressen die Dreizehen-Faultiere?

12. Wie lange dauert es, bis ein Faultier ein einzelnes Blatt verdaut hat?

13. Welche Sinne nutzen Faultiere bei der Suche nach Nahrung?

14. Wie lange können Faultiere ihren Atem unter Wasser anhalten?

15. Welcher Tag ist der internationale Tag der Faultiere?

16. Wie viele Babys haben Faultiere auf einmal?

17. Wie lange sind weibliche Zweizehen-Faultiere trächtig/schwanger, bevor sie gebären?

18. Wie viel eigenes Körpergewicht verliert es, wenn ein Faultier entleert?

19. Um wie viel sind Faultiere stärker als die meisten Menschen?

20. Welches Tier ist der nächste lebende Verwandte des Faultiers?

Ein weibliches braun-kehliges
Dreizehen-Faultier Bild: Sharp Photography

Antworten

1. Einfach nur Babyfaultier!

2. Zweizehen-Faultiere.

3. Wahr.

4. Indem sie andere Männchen von den Bäumen stoßen.

5. Isla Escudo de Veraguas, eine Insel vor Panama.

6. 3 Zehen je Fuß und 2 Finger je Hand.

7. Wegen der langen schwarze Haarmähne die über den Hals, ihren Nacken und Schultern verläuft.

8. Das Braunkehlige-Faultier.

9. Hoffmanns und Linnaeus' Zweizehen-Faultiere.

10. Megatherium.

11. Sie sind Pflanzenfresser, also fressen sie Blätter und andere Pflanzen.

12. 30 Tage.

13. Den Tast- und Riechsinn.

14. Etwa 40 Minuten.

15. Der 20. Oktober.

16. Eins.

17. 12 Monate.

18. Ein Drittel.

19. Dreimal stärker.

20. Der Ameisenbär.

Faultier

WORTSUCHERÄTSEL

T Z C X Z N K E H G M Ü
S J W P Y F L V Ä C O J
Ä F B E S D A R E X I H
U S A B R C U U F Z Y Q
G D B U Q G E A L G E N
E F Y D L P N Q S C B S
T Ü N Ä X T X G C Ü V D
I Z D D S E I F H E C X
E A D R E I Z E H I G V
R S S D F H R W R F E F
M R E G E N W A L D D F
N D Ä R E W X X Ü V S V

Kannst du alle untenstehenden Wörter in dem Wortsucherätsel auf der linken Seite finden?

FAULTIER	KLAUEN	SÄUGETIER
BABY	DREIZEHIG	FAUL
REGENWALD	ALGEN	ZWERG

Lösung

	Z					K						
S		W			F	L						
Ä	F	B	E			A						
U		A		R		U	U					
G		B	U		G	E	A	L	G	E	N	
E		Y		L		N						
T					T							
I					I							
E		D	R	E	I	Z	E	H	I	G		
R							R					
	R	E	G	E	N	W	A	L	D			

Quellen

"BBC Radio 4 - Radio 4 In Four - 10 Incredible Facts About The Sloth". 2021. Bbc.Co.Uk. https://www.bbc.co.uk/programmes/articles/34C4dGp1kqnbs5MT7TZQN44/10-incredible-facts-about-the-sloth.

"Sloth - Wikipedia". 2021. En.Wikipedia.Org. https://en.wikipedia.org/wiki/Sloth.

"Linnaeus's Two-Toed Sloth - Wikipedia". 2021. En.Wikipedia.Org. https://en.wikipedia.org/wiki/Linnaeus%27s_two-toed_sloth.

"Ground Sloth - Wikipedia". 2021. En.Wikipedia.Org. https://en.wikipedia.org/wiki/Ground_sloth#Extinction_in_North_America.

"Sloth | Definition, Habitat, Diet, Pictures, & Facts". 2021. Encyclopedia Britannica. https://www.britannica.com/animal/sloth.

"10 Facts About Sloths, Nature's Slowest Animals". 2021. World Animal Protection. https://www.worldanimalprotection.us/news/10-facts-about-sloths-natures-slowest-animals.

HowStuffWorks, Animals, Animals, Mammals, Mammals, Do week?, Do poop?, Do spot?, Do poop?, and Why slow?. 2018. "Sloths Only Poop Once A Week — But They Make It A Good One". Howstuffworks. https://animals.howstuffworks.com/mammals/sloths-only-poop-once-week.htm.

"13 Chill Facts About Sloths". 2018. Mentalfloss.Com. https://www.mentalfloss.com/article/559749/facts-about-sloths.

"Attempt To Export Nearly-Extinct Pygmy Sloths Sets Off International Incident In Panama". 2013. Mongabay Environmental News. https://news.mongabay.com/2013/09/attempt-to-export-nearly-extinct-pygmy-sloths-sets-off-international-incident-in-panama/

"The Sloth Institute – Do Sloths Drink Water?". 2021. Theslothinstitutecostarica.Org. http://www.theslothinstitutecostarica.org/sloths-drink-water/#:~:text=It%20is%20true%20that%20sloths,licking%20water%20off%20of%20leaves.&text=So%20as%20this%20video%20shows,a%20rare%20sight%20to%20see!.

"Fun Sloth Facts For Kids - Interesting Information About Sloths". 2021. Sciencekids.Co.Nz. https://www.sciencekids.co.nz/sciencefacts/animals/sloth.html.

"Why Are Sloths Slow? And Six Other Sloth Facts". 2021. World Wildlife Fund. https://www.worldwildlife.org/stories/why-are-sloths-slow-and-six-other-sloth-facts.

Naish, Darren. 2012. "The Anatomy Of Sloths". Scientific American Blog Network. https://blogs.scientificamerican.com/tetrapod-zoology/the-anatomy-of-sloths/.

"10 Facts About Sloths". 2021. World Animal Protection. https://www.worldanimalprotection.org.uk/blogs/10-facts-about-sloths.

"Baby Sloth - Animal Facts Encyclopedia". 2021. Animal Facts Encyclopedia. https://www.animalfactsencyclopedia.com/Baby-sloth.html.

"Pygmy Three-Toed Sloth | EDGE Of Existence". 2015. EDGE Of Existence. http://www.edgeofexistence.org/species/pygmy-three-toed-sloth/.

Wir hoffen du hast ein paar spannende Fakten über Faultiere gelernt!

Welcher war dein Favorit? Wir würden das gerne von dir in einer **Bewertung** erfahren.

Besuche uns auf www.bellanovabooks.com/books/deutsch für noch mehr großartige Bücher.

Auch von Jenny Kellett

...und mehr!

9 786192 641054